Šola - escola		2
Potovanje - viatge		5
Prevoz - transport		8
Mesto - ciutat		10
Pokrajina - paisatge		14
Restavracija - restaurant		17
Supermarket - supermercat		20
Pijače - begudes		22
Hrana - menjar		23
Kmetija - granja		27
Hiša - casa		31
Dnevna soba - sala d'estar		33
Kuhinja - cuina		35
Kopalnica - bany		38
Otroška soba - cambra de nen		42
Oblačilo - roba		44
Pisarna - oficina		49
Gospodarstvo - economia		51
Poklici - oficis		53
Orodje - eines		56
Glasbeni instrument - instrument de música		57
Živalski vrt - zoo		59
Šport - esports		62
Dejavnosti - activitats		63
Družina - família		67
Telo - cos		68
Bolnišnica - hospital		72
Nujni primer - urgència		76
Zemlja - terra		77
Ura - rellotge		79
Teden - setmana		80
Leto - any		81
Oblike - formes		83
Barve - colors		84
Nasprotja - oposats		85
Števila - nombres		88
Jeziki - llengües		90
Kdo / kaj / kako - qui / què / com		91
Kje - on		92

AF188499

Impressum
Verlag: BABADADA GmbH, Nedderfeld 112 , 22529 Hamburg
Geschäftsführer / Verlagsleitung: Harald Hof
Druck: Books on Demand GmbH, In de Tarpen 42, 22848 Norderstedt

Imprint
Publisher: BABADADA GmbH, Nedderfeld 112 , 22529 Hamburg, Germany
Managing Director / Publishing direction: Harald Hof
Print: Books on Demand GmbH, In de Tarpen 42, 22848 Norderstedt

Šola

escola

Deljenje
dividir

186/2

Tabla
tauler

Razred
classe

Šolsko dvorišče
pati (de l'escola)

Učitelj
professor

Papir
paper

Pisati
escriure

Pisalo
estilogràfica

Pisalna miza
escriptori

Ravnilo
regle

Knjiga
llibre

Učenec
estudiant

Šolska torba

bossa

Peresnica

estoig

Svinčnik

llapis

Šilček

maquineta de fer punta

Radirka

goma

Risalni blok

bloc de dibuix

Risba

dibuix

Čopič

pinzell

Vodene barvice

capsa de pintures

Škarje

tisores

Lepilo

cola

Zvezek

quadern d'exercicis

Domača naloga

deures

12

Število

nombre

2+2

Seštevanje

afegir

5-2

Odštevanje

sostreure

2×2

Množenje

multiplicar

Računanje

calcular

A

Črka

lletra

ABCDEFG HIJKLMN OPQRSTU VWXYZ

Abeceda

alfabet

hello

Beseda

mot

Besedilo

text

Brati

llegir

Kreda

guix

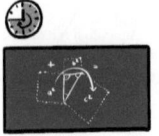

Učna ura

lliçó

Redovalnica

llibre de classe

Preizkus znanja

examen

Spričevalo

certificat

Šolska uniforma

uniforme escolar

Izobrazba

formació

Enciklopedija

enciclopèdia

Univerza

universitat

Mikroskop

microscopi

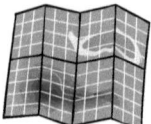

Zemljevid

mapa

Koš za smeti

paperera

Potovanje
viatge

Hotel
hotel
Grand
Hostel
alberg
ROOMS
Menjalnica
oficina de canvi
EXCHANGE
Kovček
maleta
Avtomobil
automòbil

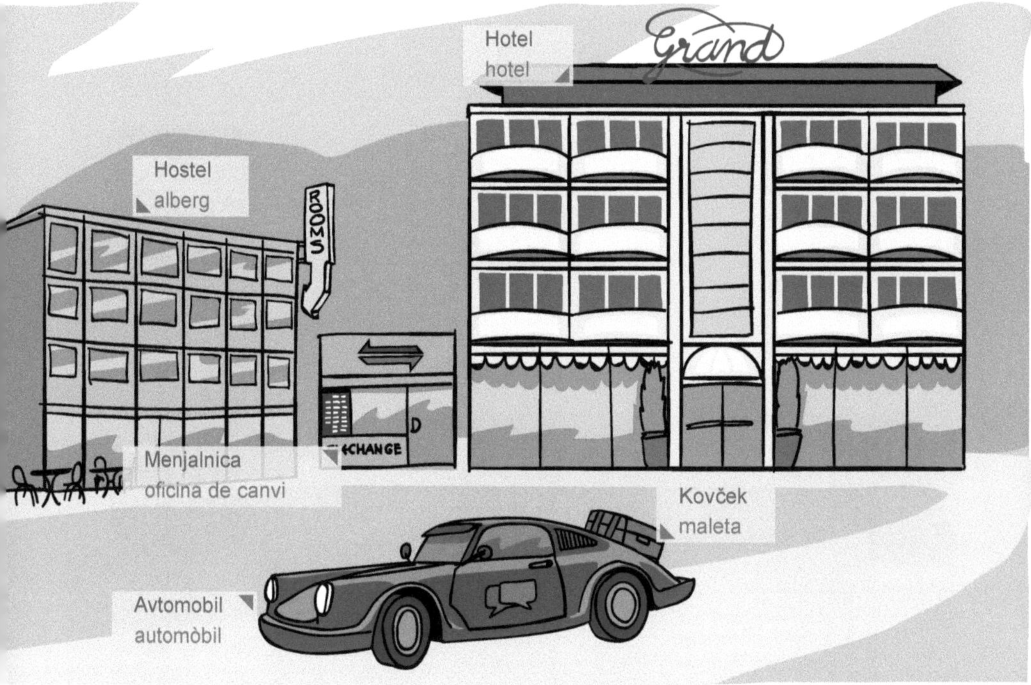

Jezik

llengua

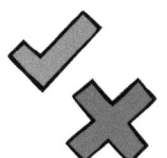

da / ne

sí / no

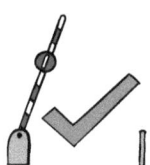

Prav

D'acord

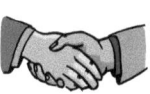

Pozdravljeni

Ey!

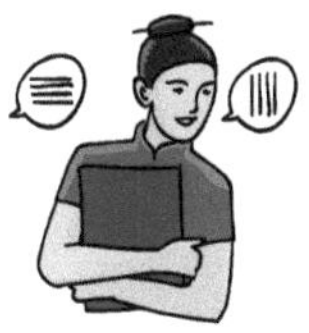

Prevajalec

traductora

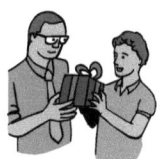

Hvala

gràcies

Koliko stane…?

Quant costa… ?

Ne razumem

No entenc

Težava

problema

Dober večer!

Bona nit!

Dobro jutro!

bon dia!

Lahko noč!

bona nit!

Nasvidenje

fins aviat

Smer

direcció

Prtljaga

bagatge

Torba

bossa

Nahrbtnik

sarrona

Gost

convidat

Soba

cambra

Spalna vreča

sac de dormir

Šotor

tenda

Turistične informacije

oficina de turisme

Plaža

platja

Kreditna kartica

carta de crèdit

Zajtrk

esmorzar

Kosilo

dinar

Večerja

sopar

Vozovnica

bitllet

Dvigalo

ascensor

Znamka

segell

Meja

frontera

Carina

duana

Veleposlaništvo

ambaixada

Vizum

visat

Potni list

passaport

Prevoz

transport

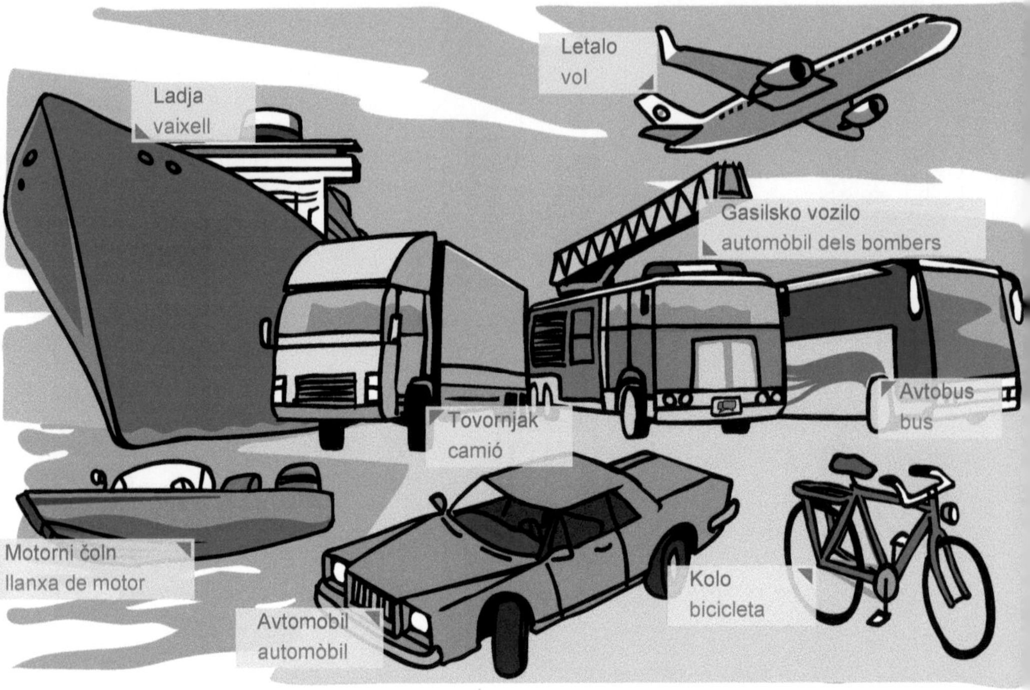

Letalo
vol
Ladja
vaixell
Gasilsko vozilo
automòbil dels bombers
Avtobus
bus
Tovornjak
camió
Motorni čoln
llanxa de motor
Kolo
bicicleta
Avtomobil
automòbil

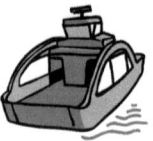

Trajekt

transbordador

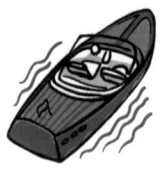

Čoln

barca

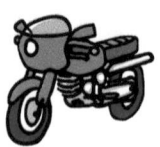

Motorno kolo

moto

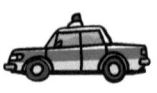

Policijski avto

automòbil de policia

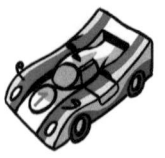

Dirkalni avto

automòbil de curses

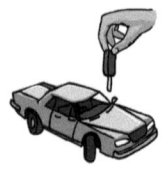

Najeto vozilo

automòbil de lloguer

Souporaba avtomobila

vehicle compartit

Avtovleka

grua

Smetarsko vozilo

camió de les escombraries

Motor

motor

Gorivo

benzina

Bencinska postaja

benzineria

Prometni znak

senyal de trànsit

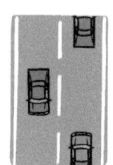

Promet

trànsit

Zastoj

embús

Parkirišče

aparcament

Železniška postaja

estació de trens

Tirnice

vies

Vlak

tren

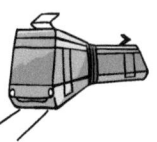

Tramvaj

tramvia

Vagon

vagó

Helikopter

helicòpter

Letališče

aeroport

Stolp

torre

Potnik

passatger

Kontejner

contenidor

Karton

capsa de cartó

Voziček

carretó

Košara

cistella

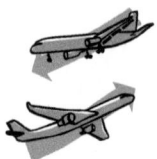

vzleteti / pristati

enlairar-se / aterrar

Mesto

ciutat

Vas

poble

Mestno jedro

centre de la ciutat

Hiša

casa

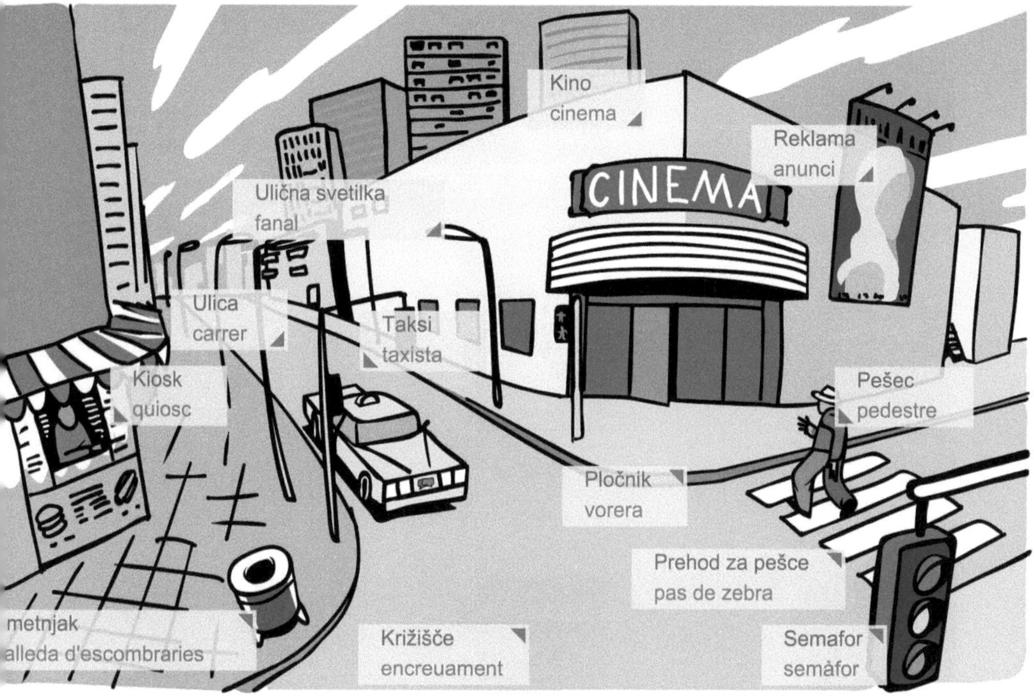

Kino
cinema

Reklama
anunci

Ulična svetilka
fanal

CINEMA

Ulica
carrer

Taksi
taxista

Pešec
pedestre

Kiosk
quiosc

Pločnik
vorera

Prehod za pešce
pas de zebra

metnjak
alleda d'escombraries

Križišče
encreuament

Semafor
semàfor

Koča

cabana

Stanovanje

apartament

Železniška postaja

estació de trens

Mestna hiša

casa de la vila-ciutat

Muzej

museu

Šola

escola

Univerza

universitat

Banka

banca

Bolnišnica

hospital

Hotel

hotel

Lekarna

farmàcia

Pisarna

oficina

Knjigarna

llibreria

Trgovina

botiga

Cvetličarna

floristeria

Supermarket

supermercat

Tržnica

mercat

Veleblagovnica

gran magatzem

Ribarnica

peixateria

Nakupovalno središče

centre comercial

Pristanišče

port

Park

parc

Klop

banc

Most

pont

Stopnice

escala

Podzemna železnica

metro

Predor

túnel

Avtobusno postajališče

parada d'autobús

Bar

bar

Restavracija

restaurant

Poštni nabiralnik

bústia de correu

Ulična tabla

senyal indicador

Parkirna ura

parquímetre

Živalski vrt

zoo

Kopališče

piscina

Mošeja

mesquita

Kmetija

granja

Onesnaževanje

pol·lució

Pokopališče

cementiri

Cerkev

església

Otroško igrišče

parc infantil

Tempelj

temple

Pokrajina
paisatge

List
fulla

Kažipot
cartell indícador

Pot
camí

Travnik
prat

Kamen
pedra

Drevo
arbre

Pohodnik
excursionista

Reka
riu

Trava
gespa

Cvetlica
flor

Dolina

vall

Hrib

muntanya

Jezero

llac

Gozd

bosc

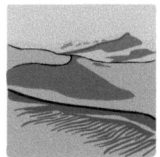

Puščava

desert

Vulkan

volcà

Grad

castell

Mavrica

arc de Sant Martí

Goba

bolet

Palma

palmera

Komar

moscard

Muha

mosca

Mravlja

formiga

Čebela

abella

Pajek

aranya

Hrošč

escarabat

Žaba

granota

Veverica

esquirol

Jež

eriçó

Zajec

llebre

Sova

òliba

Ptič

ocell

Labod

cigne

Divji prašič

senglar

Jelen

cervo

Los

ant

Jez

presa

Vetrnica

turbina

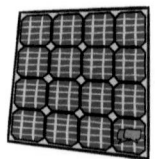

Solarna plošča

panell solar

Podnebje

clima

Restavracija
restaurant

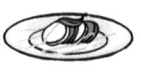

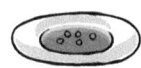

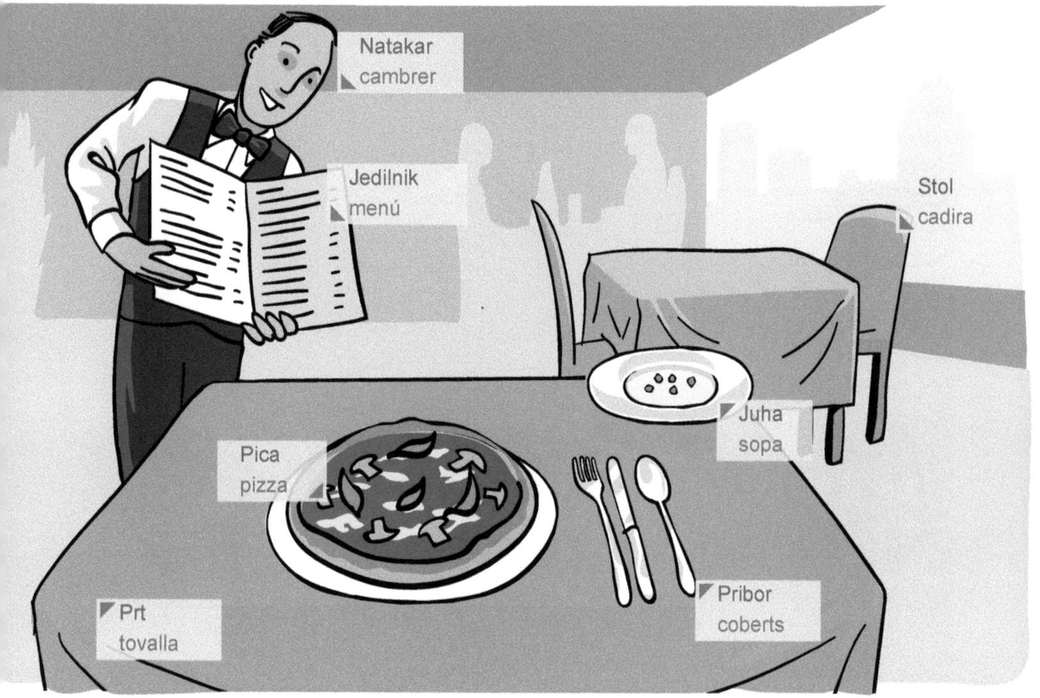
Natakar
cambrer
Jedilnik
menú
Stol
cadira
Juha
sopa
Pica
pizza
Prt
tovalla
Pribor
coberts

Predjed

primer plat

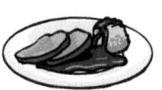

Glavna jed

plat principal

Sladica

darreries

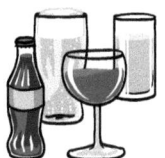

Pijače

begudes

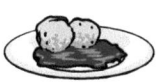

Hrana

menjar

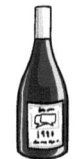

Steklenica

ampolla

Hitra hrana

menjar ràpid

Ulična hrana

menjar de carrer

Čajnik

tetera

Sladkornica

sucrer

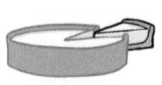

Porcija

porció

Aparat za espresso

màquina d'espresso

Stolček za hranjenje

trona

Račun

factura

Pladenj

plata

Nož

ganivet

Vilica

forqueta

Žlica

cullera

Čajna žlička

cullereta

Servieta

tovalló

Kozarec

got

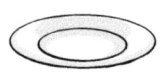

Krožnik

plat

Globoki krožnik

plat de sopa

Krožniček

plateret

Omaka

salsa

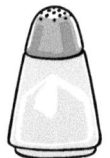

Solnica

saler

Mlinček za poper

molinet de pebre

Kis

vinagre

Olje

oli

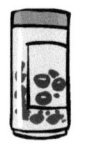

Začimbe

espècies

Kečap

quètxup

Gorčica

mostassa

Majoneza

maionesa

Supermarket
supermercat

Posebna ponudba
oferta especial
FOR
Stranka
client
Mlečni izdelki
productes lactis
Sadje
fruites
Nakupovalni voziček
carret de la compra

BUTCHERS

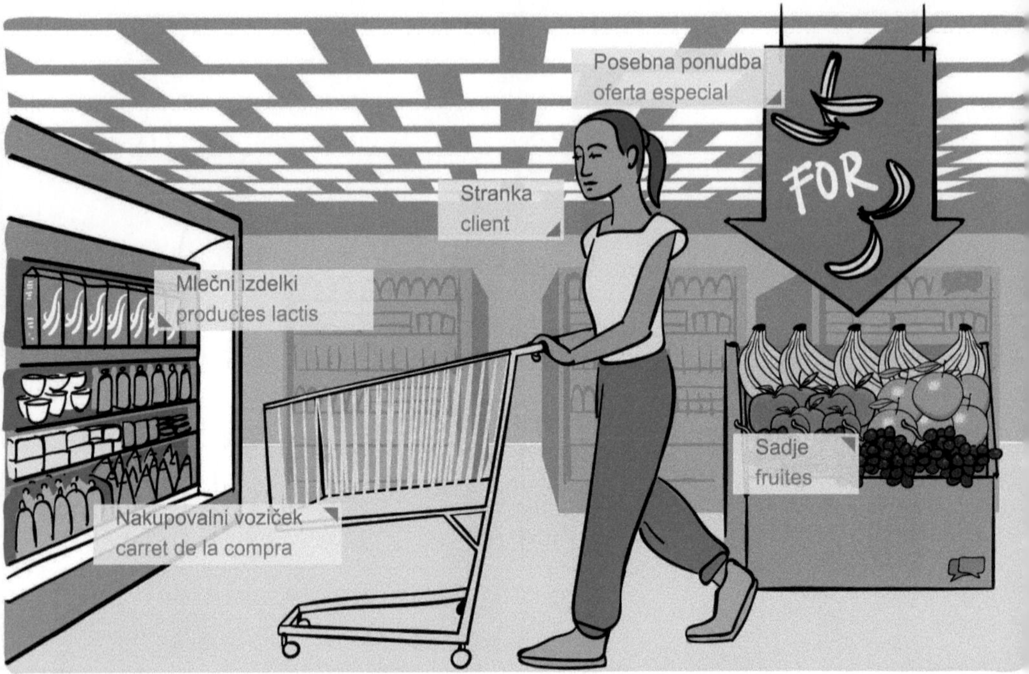

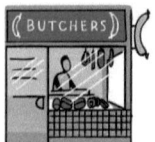

Mesnica

carnisseria

BAKERY

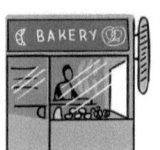

Pekarna

forn de pa

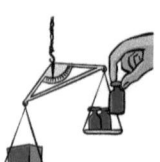

Tehtati

pesar

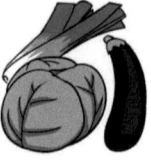

Zelenjava

verdures

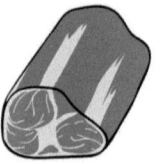

Meso

carn

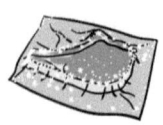

Zamrznjena hrana

menjar congelat

Hladne mesnine
carn freda

Konzerve
conserves

Pralni prašek
detergent en pols

Sladkarije
dolços

Gospodinjski izdelki
articles domèstics

Čistilno sredstvo
productes de neteja

Prodajalka
venedora

Blagajna
caixa registradora

Blagajnik
caixera

Nakupovalni seznam
llista de la compra

Delovni čas
horari d'obertura

Denarnica
portamonedes

Kreditna kartica
carta de crèdit

Torba
bossa

Plastična vrečka
bossa de plàstic

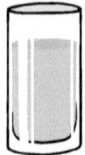

Voda

aigua

Sok

suc

Mleko

llet

Kola

coca-cola

Vino

vi

Pivo

cervesa

Alkohol

alcohol

Kakav

cacau

Čaj

te

Kava

cafè

Espresso

espresso

Kapučino

cappuccino

Banana

banana

Jabolko

poma

Pomaranča

taronja

Lubenica

síndria

Limona

llimona

Korenje

pastanaga

Česen

all

Bambus

bambú

Čebula

ceba

Goba

bolet

Oreščki

avellanes

Rezanci

fideus

Špageti

espaguetis

Riž

arròs

Solata

amanida

Ocvrt krompirček

patates fregides

Pečen krompir

patates fregides

Pica

pizza

Hamburger

hamburguesa

Sendvič

entrepà

Zrezek

escalopa

Šunka

cuixot

Salama

salami

Klobasa

salsitxa

Piščanec

pollastre

Pečenka

rostit

Riba

peix

Ovseni kosmiči

flocs de civada

Musli

musli

Koruzni kosmiči

cereals

Moka

farina

Rogljiček

croissant

Žemlja

panet

Kruh

pa

Prepečenec

torrada

Piškoti

bescuits

Maslo

mantega

Skuta

mató

Torta

pastís

Jajce

ou

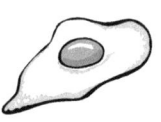

Pečeno jajce na oko

ou fregit

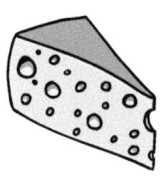

Sir

formatge

Sladoled

gelat

Sladkor

sucre

Med

mel

Marmelada

melmelada

Čokoladni namaz

crema de xocolata

Kari

curri

Kmetija
granja

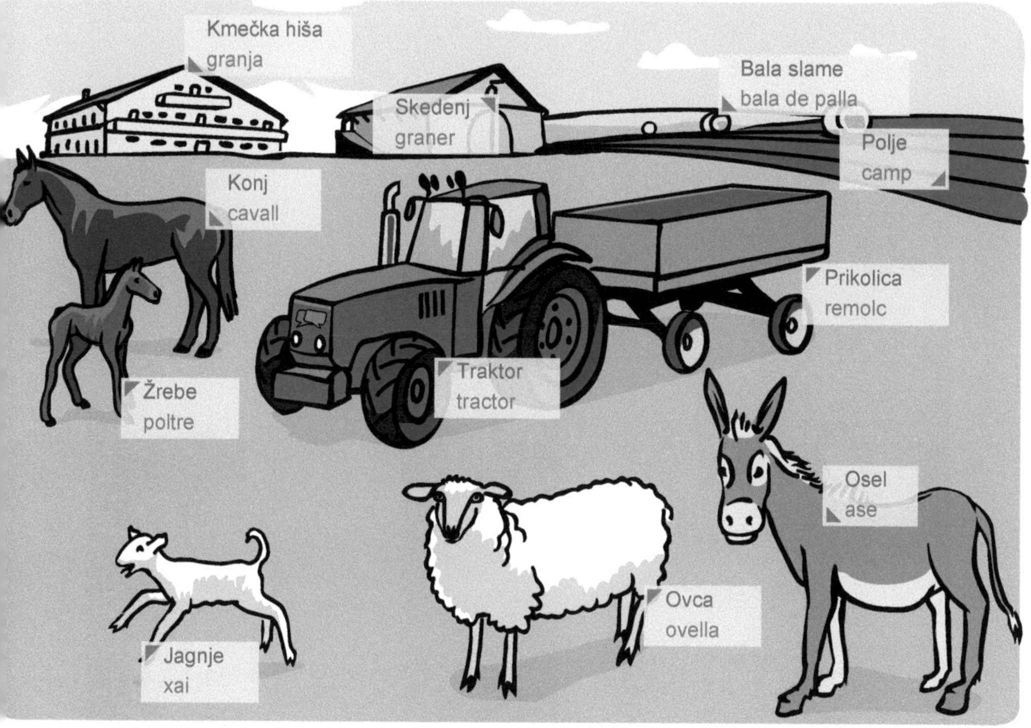

Kmečka hiša
granja
Skedenj
graner
Bala slame
bala de palla
Polje
camp
Konj
cavall
Prikolica
remolc
Traktor
tractor
Žrebe
poltre
Osel
ase
Ovca
ovella
Jagnje
xai

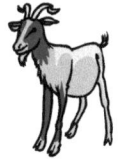

Koza
cabra

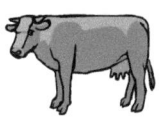

Krava
vaca

Tele
vedella

Prašič
porc

Pujsek
garrí

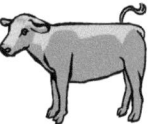

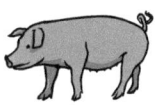

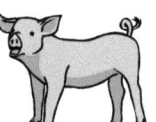

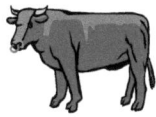

Bik
bou

Gos

oca

Raca

ànec

Piščanec

poll

Kokoš

gall

Petelin

gallina

Podgana

rata

Mačka

gat

Miš

ratolí

Vol

bou

Pes

gos

Pasja uta

gossera

Cev za zalivanje

mànega de regar

Kangla za zalivanje

regadora

Kosa

dalla

Plug

arada

Srp

falç

Motika

aixada

Vile

forca

Sekira

destral

Samokolnica

carretó

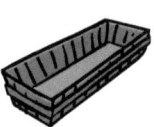

Korito

abeurador

Kangla za mleko

lletera

Vreča

sac

Ograja

tanca

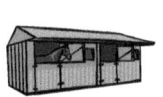

Hlev

establa

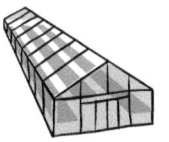

Rastlinjak

hivernacle

Prst

sòl

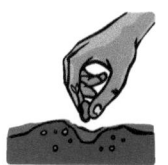

Seme

llavor

Gnojilo

adob

Kombajn

collidora

Žeti

collir

Žetev

collita

Jam

nyam

Pšenica

blat

Soja

soja

Krompir

patata

Koruza

blat de moro o d'indi

Oljna ogrščica

colza

Sadno drevo

arbre fruiter

Maniok

mandioca

Žito

cereals

Hiša

casa

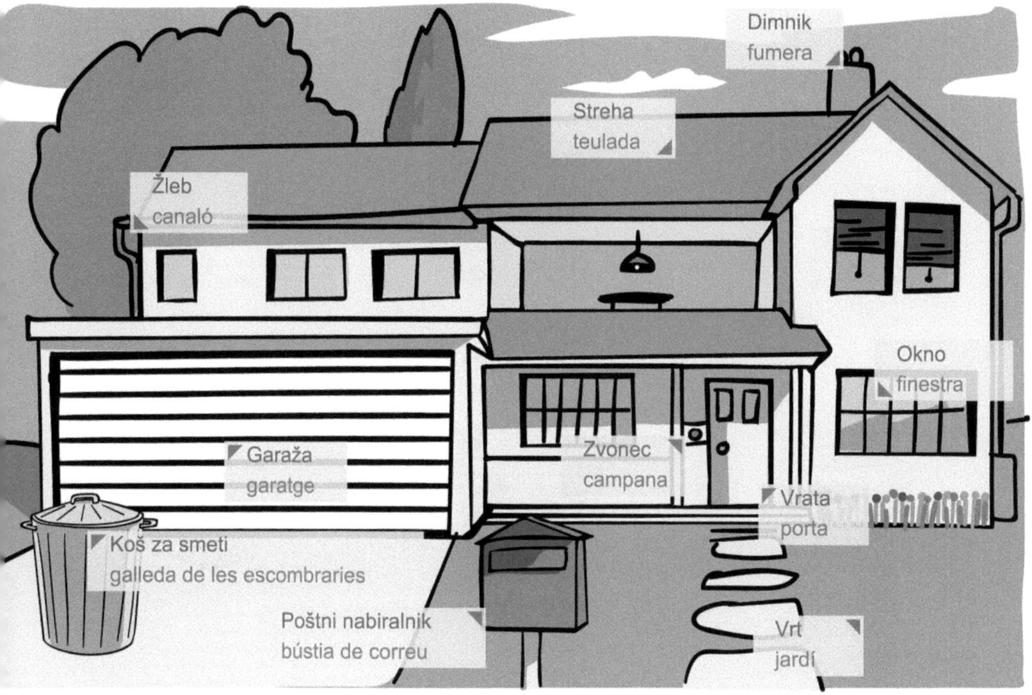

Dimnik
fumera
Streha
teulada
Žleb
canaló
Okno
finestra
Garaža
garatge
Zvonec
campana
Vrata
porta
Koš za smeti
galleda de les escombraries
Poštni nabiralnik
bústia de correu
Vrt
jardí

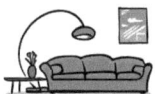

Dnevna soba

sala d'estar

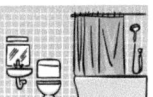

Kopalnica

bany

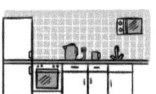

Kuhinja

cuina

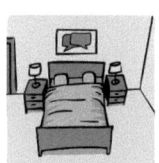

Spalnica

cambra de dormir

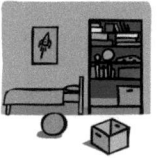

Otroška soba

cambra de nen

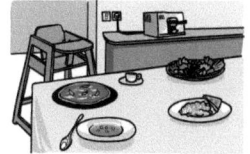

Jedilnica

menjador

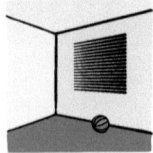

Tla

sòl

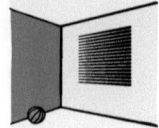

Stena

paret

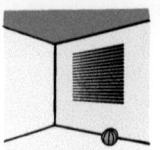

Strop

sostre

Klet

soterrani

Savna

sauna

Balkon

balcó

Terasa

terrassa

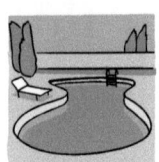

Bazen

piscina

Kosilnica

tallagespa

Rjuha

vànova

Posteljno pregrinjalo

cobrellit

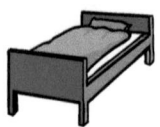

Postelja

llit

Metla

escombra

Vedro

galleda

Stikalo

interruptor

Dnevna soba
sala d'estar

Tapeta
paper de paret
Slika
quadre
Svetilka
làmpada
Polica
prestatge
Omara
armari
Televizor
televisor
Kamin
escalfapanxes
Cvetlica
flor
Blazina
coixí
Zofa
sofà
Vaza
gerro
Daljinski upravljalnik
telecomanda

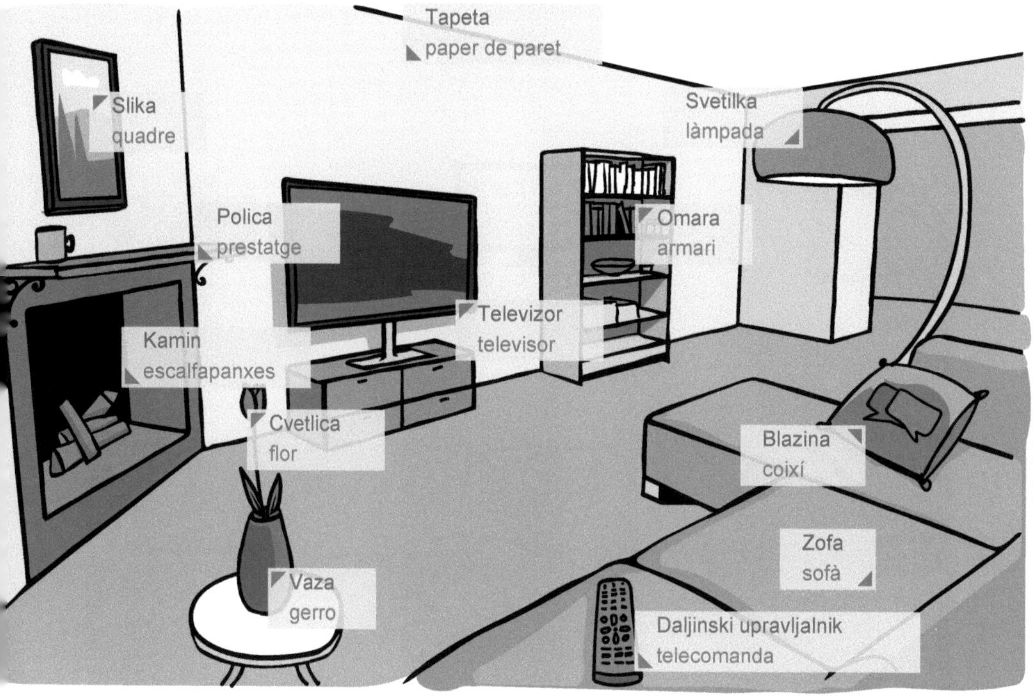

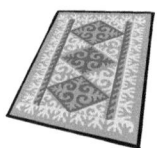

Preproga
catifa

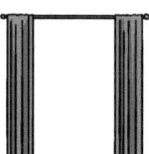

Zavesa
cortina

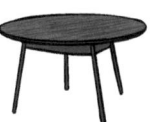

Miza
taula

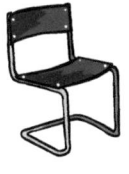

Stol
cadira

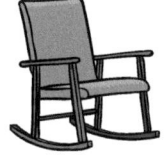

Gugalnik
cadira gronxadora

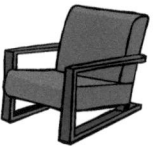

Naslanjač
cadiral

Knjiga

llibre

Odeja

llençol

Dekoracija

decoració

Drva

llenya

Film

film

Glasbeni stolp

cadena de música

Ključ

clau

Časopis

diari

Slika

pintura

Plakat

cartell

Radio

ràdio

Beležka

bloc de notes

Sesalnik

aspiradora

Kaktus

cactus

Sveča

candela

Kuhinja
cuina

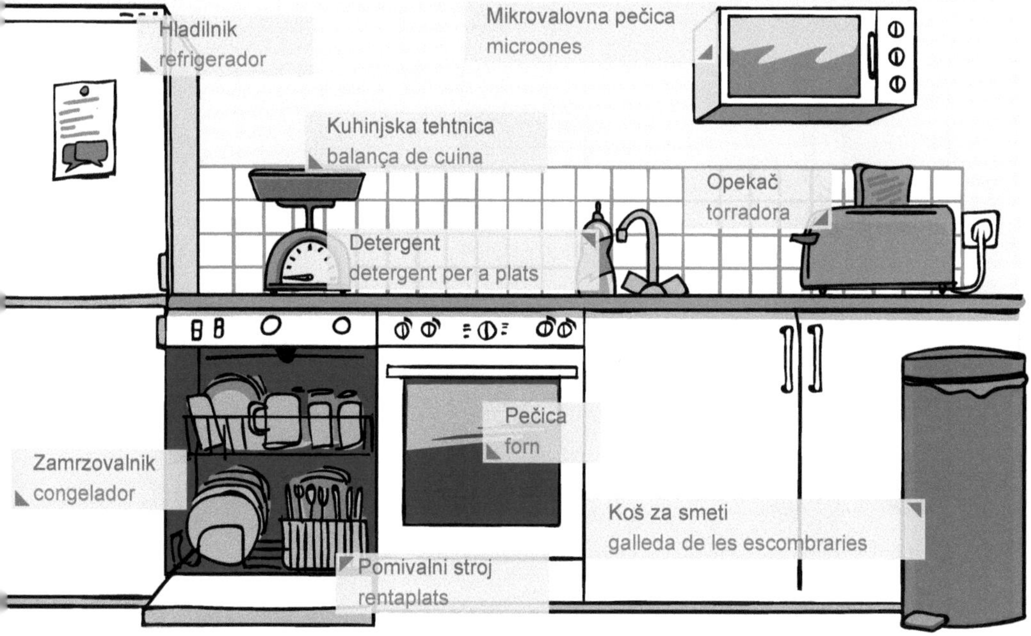
Hladilnik
refrigerador
Mikrovalovna pečica
microones
Kuhinjska tehtnica
balança de cuina
Opekač
torradora
Detergent
detergent per a plats
Pečica
forn
Zamrzovalnik
congelador
Koš za smeti
galleda de les escombraries
Pomivalni stroj
rentaplats

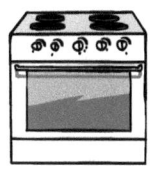

Kozica

cuina de fogons

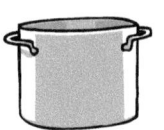

Lonec

olla

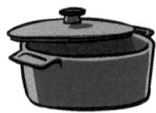

Litoželezni lonec

olla de ferro colat

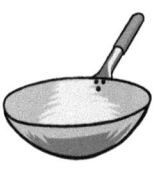

Vok / kadai

wok / karahi

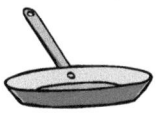

Ponev

paella

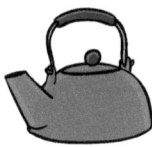

Kotliček

bullidor

Parni kuhalnik	**Pekač**	**Posoda**
olla de vapor	plata de forn	vaixella

Skodelica	**Skleda**	**Jedilne paličice**
tassa grossa	bol	bastonets xinesos

Zajemalka	**Lopatica**	**Metlica**
culler	espàtula	batedor

Cedilnik	**Cedilo**	**Strgalo**
colador	sedàs	ratllador

Možnar	**Žar**	**Ognjišče**
morter	barbacoa	foc a terra

Deska za rezanje

taula de tallar

Valjar

corró

Odpirač za steklenice

llevataps

Pločevinka

pot de conserva

Odpirač za konzerve

obridor

Prijemalka za posodo

agafador

Korito

aigüera

Ščetka

raspall

Goba

esponja

Mešalnik

batedora

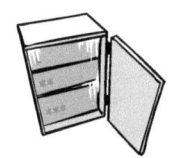

Zamrzovalna skrinja

congelador

Steklenička

biberó

Pipa

aixeta

Kopalnica
bany

Ogrevanje
calefacció
Brisača
tovallola
Prha
dutxa
Zavesa za prho
cortina de dutxa
Peneča kopel
bany de bombolles
Kopalna kad
banyera
Kozarec
got
Pralni stroj
rentadora
Pipa
aixeta
Ploščice
rajoles
Kahlica
orinal
Korito
aigüera

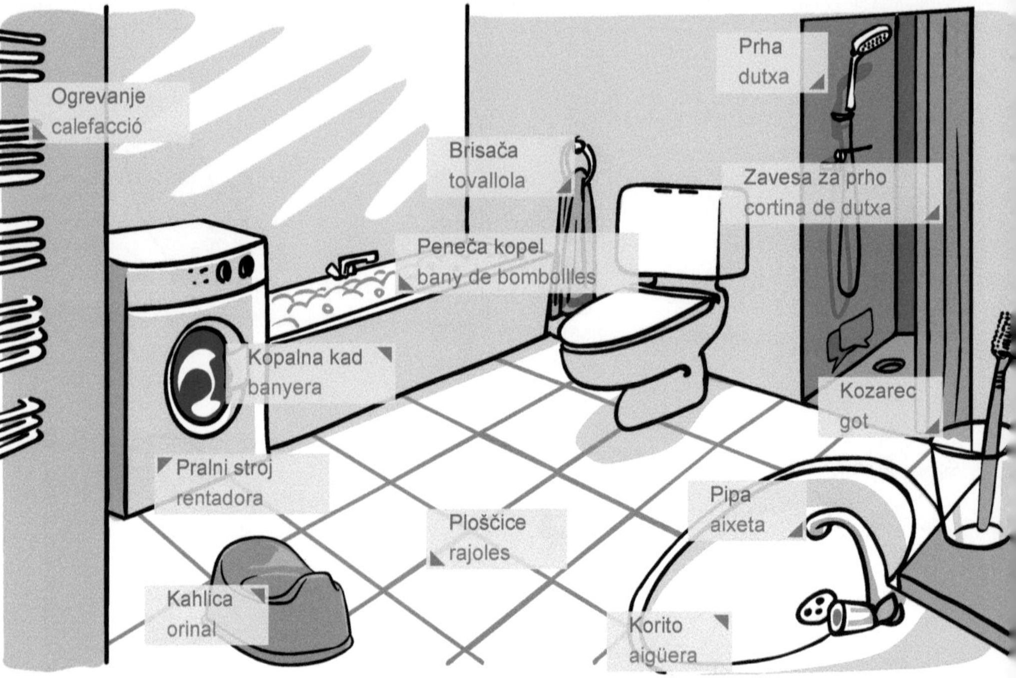

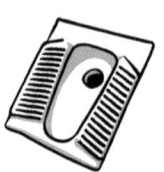

Stranišče
....
lavabo

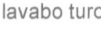

Stranišče na počep
....
lavabo turc

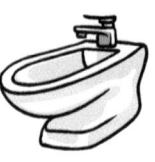

Bide
....
bidet

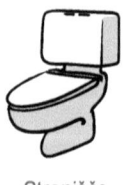

Pisoar
....
orinador

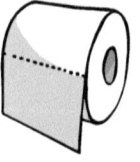

Toaletni papir
....
paper higiènic

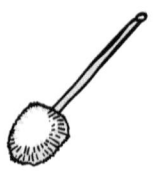

Ščetka za straniščno školjko
....
escombreta de sanitari

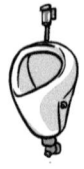

Zobna ščetka

raspall de dents

Zobna pasta

pasta de dents

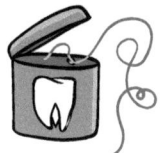

Zobna nitka

fil dental

Umiti se

rentar

Ročna prha

pom de dutxa

Prha za intimne dele

dutxa íntima

Umivalnik

rentamans

Krtača za hrbet

raspall per a l'esquena

Milo

sabó

Gel za prhanje

gel de dutxa

Šampon

xampú

Krpica za miljenje

manyopla de bany

Odtok

bonera

Krema

crema

Deodorant

desodorant

Ogledalo

mirall

Ročno ogledalo

mirall-espill de mà

Britvica

maquineta de rasar

Pena za britje

espuma de barbejar

Vodica po britju

loció post-rasada

Glavnik

pinta

Ščetka

raspall

Sušilnik za lase

eixugador

Lak za lase

laca

Ličila

maquillatge

Šminka

pintallavis

Lak za nohte

esmalt d'ungles

Vatirane blazinice

cotó

Škarjice za nohte

tallaungles

Parfum

perfum

Toaletna torbica

estoig de bellesa

Stol brez naslonjala

tamboret

Osebna tehtnica

bàscula

Kopalni plašč

barnús

Gumijaste rokavice

guants de goma

Tampon

compresa higiènica

Damski vložki

compresa

Kemično stranišče

sanitari químic

Otroška soba

cambra de nen

Budilka
despertador
Plišasta igrača
animal de peluix
Avtomobilček
auto de joguina
Ropotuljica
sonall
Hiška za punčke
casa de nines
Darilo
present

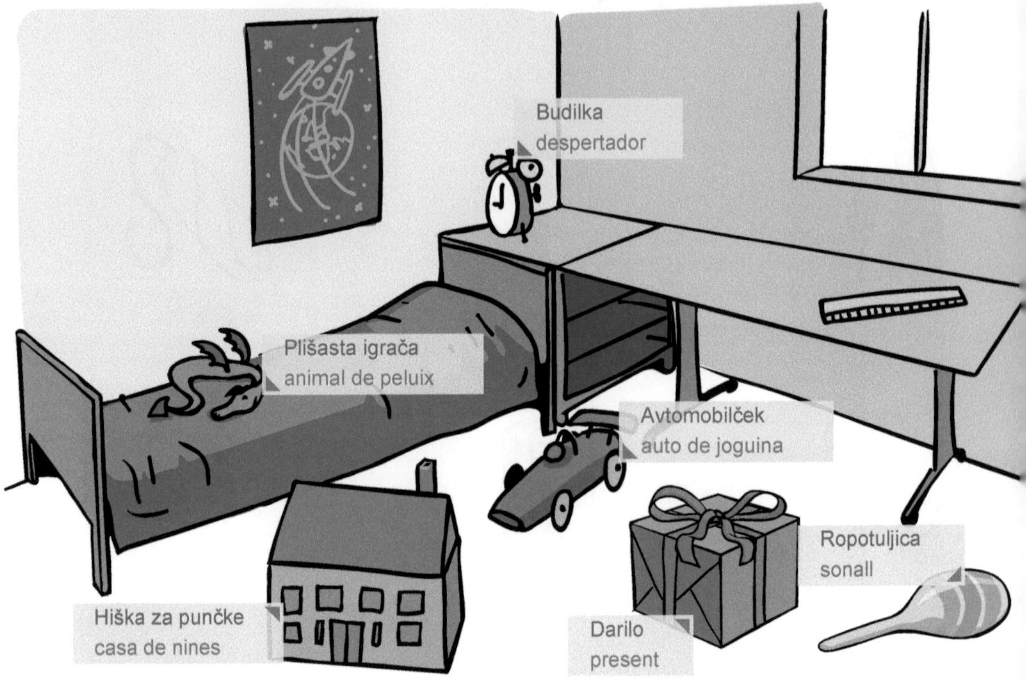

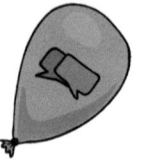

Balon

baló

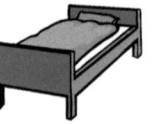

Postelja

llit

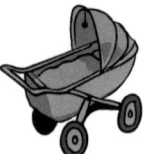

Otroški voziček

cotxet per a nens

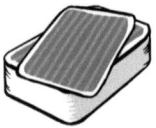

Igralne karte

joc de cartes

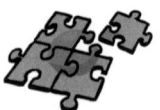

Sestavljanka

trencaclosca

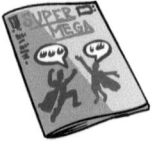

Strip

historieta

Lego kocke

peces de lego

Igralne kocke

peces de construcció

Akcijska figura

ninot d'acció

Bodi

granota

Frizbi

frisbee

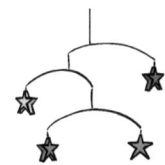

Vrtiljak za posteljico

mòbil per a bressol

Namizna igra

joc de taula

Kocka

daus

Komplet modelov vlakov

tren elèctric

Duda

xumet

Zabava

festa

Slikanica

llibre de dibuixos

Žoga

pilota

Lutka

nina

Igrati se

jugar

Peskovnik

sorrera

Gugalnica

gronxador

Igrače

joguines

Igralna konzola

consola de jocs de vídeo

Tricikel

tricicle

Plišasti medvedek

osset de peluix

Garderoba

armari

Oblačilo

roba

Nogavice

mitjons

Samostoječe nogavice

mitges

Hlačne nogavice

mitja pantaló

Šal
tapacoll

Dežnik
paraigua

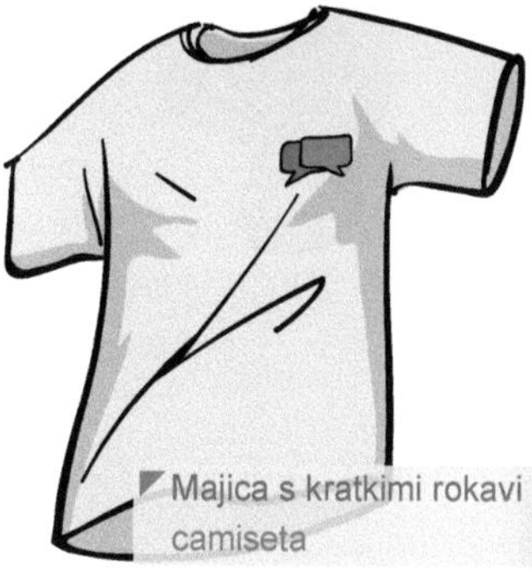

Pas
cintura

Majica s kratkimi rokavi
camiseta

Športni copati
sabates d'esport

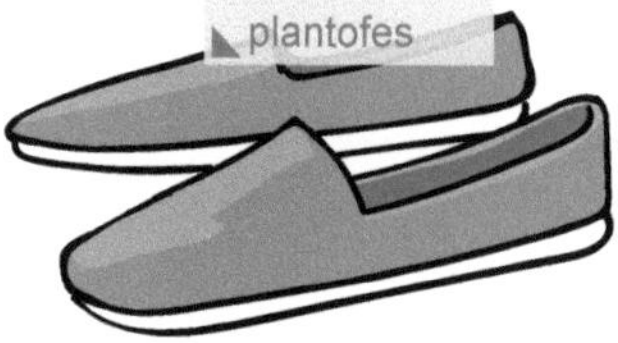

Škornji
botes

Copati
plantofes

Sandali

sandàlies

Čevlji

sabates

Gumijasti škornji

botes de goma

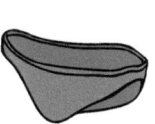

Spodnje hlače

calçonets

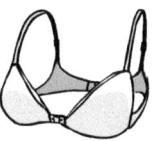

Modrček

sostenidor

Telovnik

guardapits

Bodi

jjustacòs

Hlače

pantalons

Kavbojke

jeans

Krilo

faldeta

Bluza

brusa

Srajca

camisa

Pulover

jersei

Pletena jopica

dessuadora

Jopa

blazer

Jakna

jaqueta

Plašč

mantell

Dežni plašč

impermeable

Kostim

vestit de dona

Obleka

vestit de dona

Poročna obleka

vestit de núvia

Obleka

vestit d'home

Spalna srajca

camisa de dormir

Pižama

pijama

Sari

sari

Naglavna ruta

mocador de cap

Turban

turbant

Burka

burca

Kaftan

caftan

Abaja

abaia

Kopalke

vestit de bany

Kopalne hlače

calçon(et)s de bany

Kratke hlače

pantalons curts

Trenirka

xandall

Predpasnik

davantal

Rokavice

guants

Gumb

botó

Očala

ulleres

Zapestnica

braçalet

Verižica

collaret

Prstan

anell

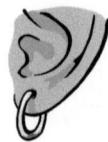

Uhan

orellera

Kapa

casquet

Obešalnik

penjador

Klobuk

capell

Kravata

corbata

Zadrga

cremallera

Čelada

casc

Naramnice

elàstics

Šolska uniforma

uniforme escolar

Uniforma

uniforme

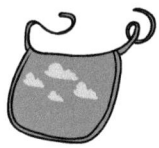

Slinček

pitet

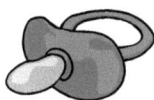

Duda

xumet

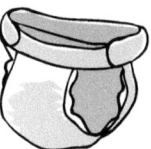

Plenica

bolquer

Pisarna

oficina

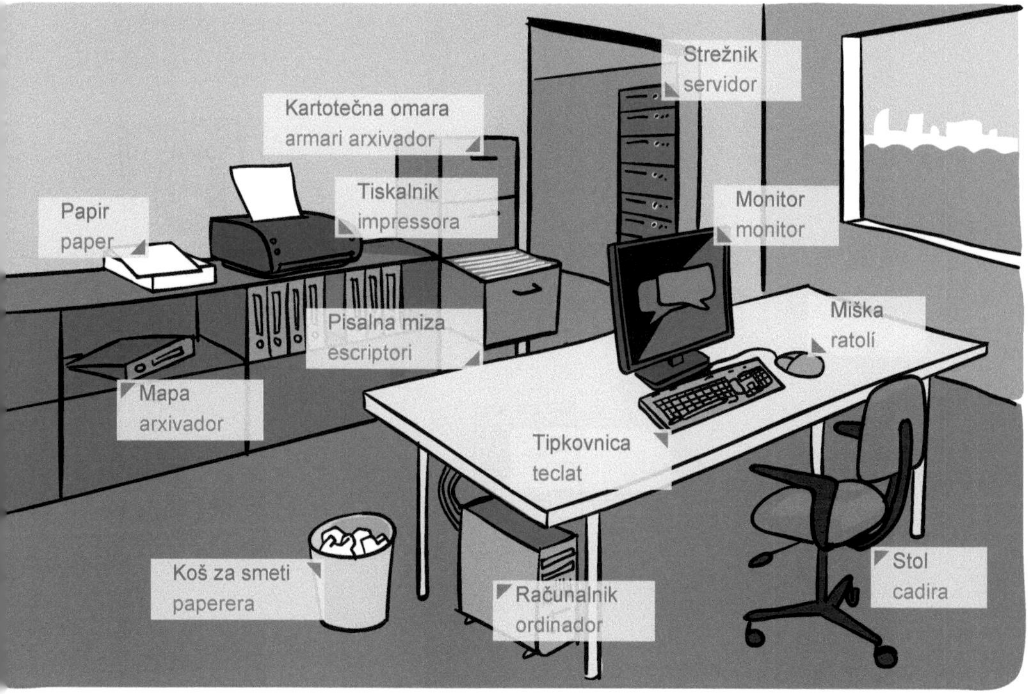
Strežnik
servidor
Kartotečna omara
armari arxivador
Tiskalnik
impressora
Papir
paper
Monitor
monitor
Miška
ratolí
Pisalna miza
escriptori
Mapa
arxivador
Tipkovnica
teclat
Stol
cadira
Koš za smeti
paperera
Računalnik
ordinador

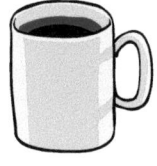

Lonček za kavo

tassa de cafè

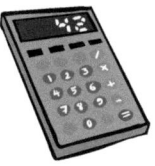

Kalkulator

calculadora

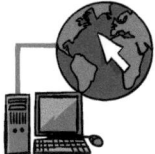

Internet

Internet

Prenosnik

ordinador portàtil

Pismo

lletra

Sporočilo

missatge

Mobilnik

mòbil

Omrežje

xarxa

Kopirni stroj

fotocopiadora

Programska oprema

programari

Telefon

telèfon

Vtičnica

presa de corrent

Telefaks

fax

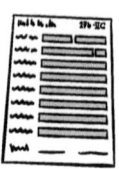

Obrazec

formulari

Dokument

document

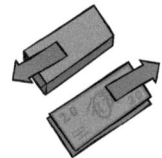

Kupiti
....
comprar

Plačati
....
pagar

Trgovati
....
comerciar

Denar
....
diners

Dolar
....
dòlar

Evro
....
euro

Jen
....
ien

Rubelj
....
ruble

Švičarski frank
....
franc suís

Kitajski juan renminbi
....
renminbi

Rupija
....
rupia

Bankomat
....
caixa automàtica

Menjalnica

oficina de canvi

Zlato

or

Srebro

argent

Nafta

petroli

Energija

energia

Cena

preu

Pogodba

contracte

Davek

impost

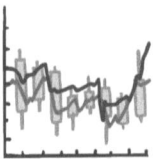

Delnice

acció

Delati

treballar

Delojemalec

treballador

Delodajalec

empresari

Tovarna

fàbrica

Trgovina

botiga

Poklici
oficis

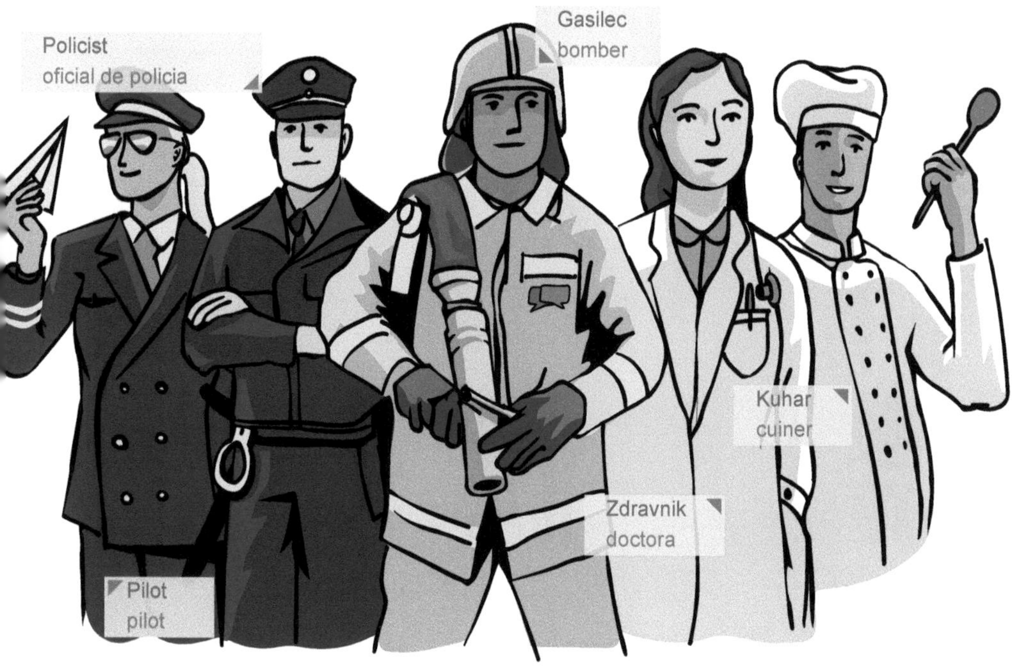
Policist
oficial de policia
Gasilec
bomber
Kuhar
cuiner
Zdravnik
doctora
Pilot
pilot

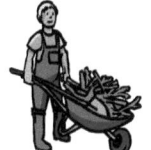

Vrtnar

jardiner

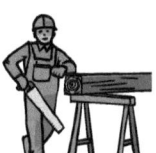

Mizar

fuster

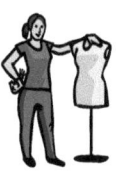

Šivilja

costurera

Sodnik

jutge

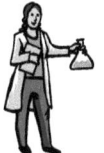

Kemik

química

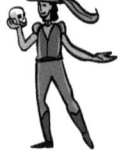

Igralec

actor

Voznik avtobusa

conductor d'autobús

Taksist

taxista

Ribič

pescador

Čistilka

dona de la neteja

Krovec

ensostrador

Natakar

cambrer

Lovec

caçador

Pleskar

pintor

Pek

forner

Električar

electricista

Gradbenik

obrer de la construcció

Inženir

enginyer

Mesar

carnisser

Vodovodni inštalater

llanterner

Poštar

correu

Vojak

soldat

Arhitekt

arquitecte

Blagajnik

caixera

Cvetličar

florista

Frizer

perruquer

Sprevodnik

revisor

Mehanik

mecànic

Kapitan

capità

Zobozdravnik

dentista

Znanstvenik

científic

Rabin

rabí

Imam

imam

Menih

monjo

Duhovnik

capellà

Orodje
eines

Kladivo
martell
Klešče
tenalles
Izvijač
descaragolador
Vijačni ključ
clau anglesa
Žepna svetilka
llanterna

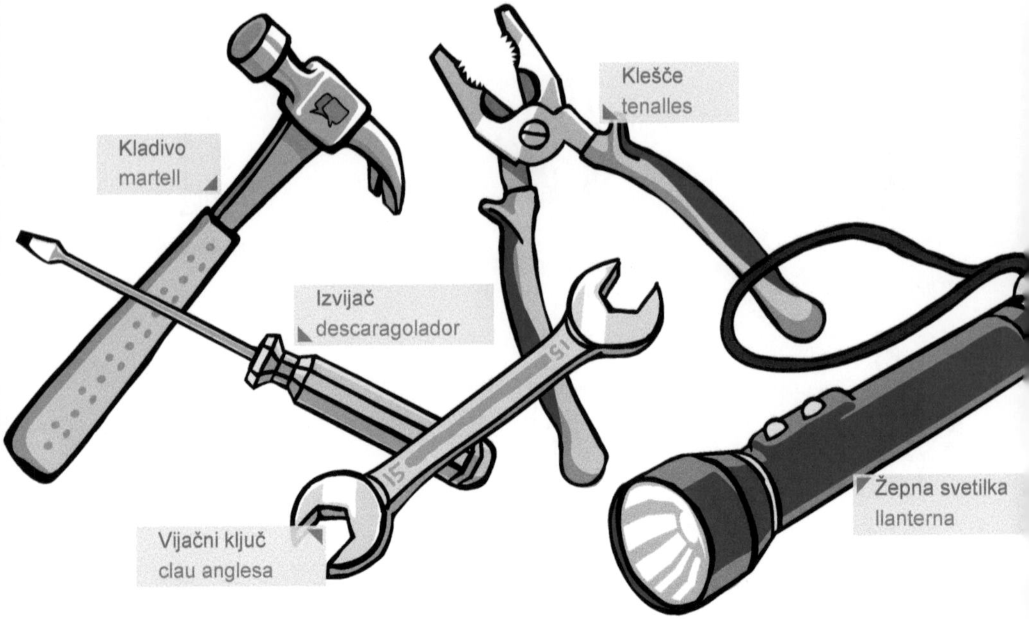

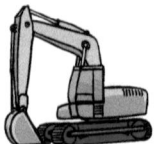

Bager
excavadora

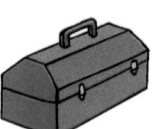

Zaboj z orodjem
caixa d'eines

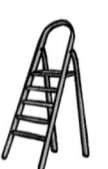

Lestev
escala

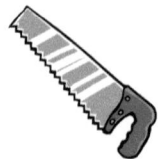

Žaga
serra

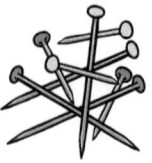

Žeblji
claus

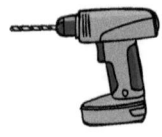

Vrtalnik
trepant

Popraviti

reparar

Lopata

pala

Šment!

Maleït siga!

Smetišnica

pala

Posoda z barvo

pot de pintura

Vijaki

caragols

Glasbeni instrument
instrument de música

Zvočnik
altaveu

Tolkala
bateria

Kitara
guitarra

Kontrabas
contrabaix

Trobenta
trompeta

Klavir

piano

Violina

violí

Bas kitara

baix

Pavke

timbal

Bobni

tambor

Sintetizator

teclat

Saksofon

saxofon

Flavta

flauta

Mikrofon

micròfon

Vhod
entrada

Tiger
tigre

Kletka
gàbia

Zebra
zebra

Krma za živali
aliment per a animals

Panda
ós panda

Živali

animals

Slon

elefant

Kenguru

cangurú

Nosorog

rinoceront

Gorila

goril·la

Medved

ós

Kamela

camell

Noj

estruç

Lev

lleó

Opica

simi

Plamenec

flamenc

Papagaj

papagai

Severni medved

ós polar

Pingvin

pingüí

Morski pes

ca mari

Pav

paó

Kača

serp

Krokodil

cocodril

Oskrbnik v živalskem vrtu

guardià del zoo

Tjulenj

foca

Jaguar

jaguar

Poni

poni

Leopard

lleopard

Povodni konj

hipopòtam

Žirafa

girafa

Orel

àliga

Divji prašič

senglar

Riba

peix

Želva

tortuga

Mrož

morsa

Lisica

guineu

Gazela

gasela

Ameriški nogomet
futbol americà

Kolesarjenje
ciclisme

Tenis
tenis

Košarka
bàsquet

Plavanje
natació

Boks
boxa

Hokej
hoquei sobre gel

Nogomet

futbol americà

Badminton

bàdminton

Atletika

atletisme

Rokomet

handbol

Smučanje

esquí

Polo

polo

Dejavnosti
activitats

Smejati se
riure
Skočiti
saltar
Objeti
abraçar
Hoditi
anar
Peti
cantar
Sanjati
somiar
Moliti
pregar
Poljubiti
fer un petó

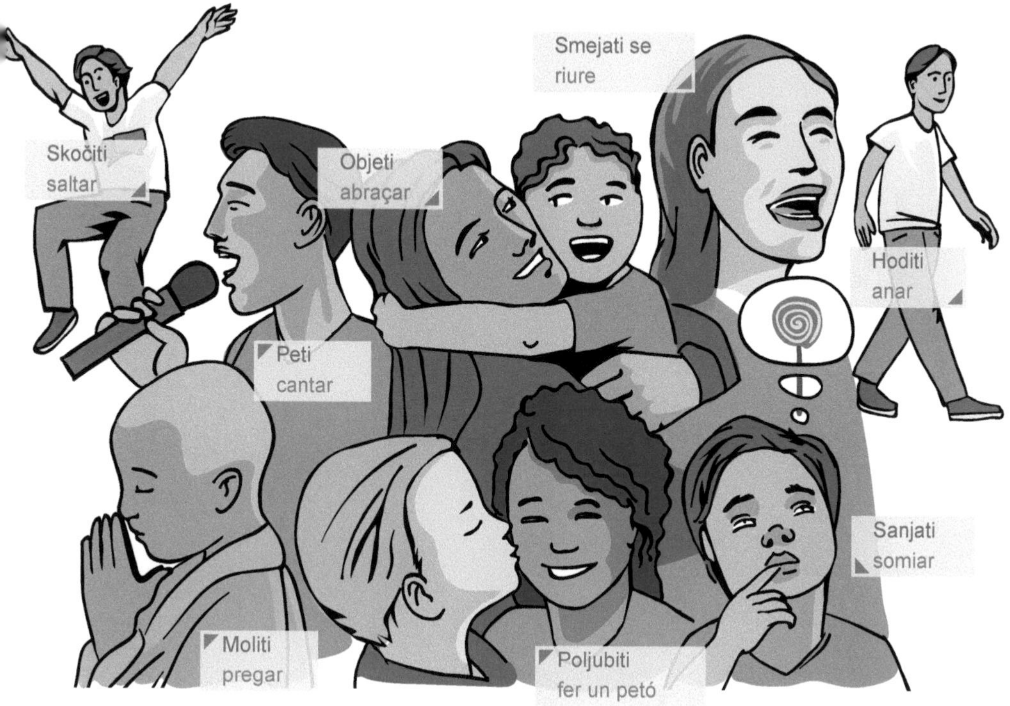

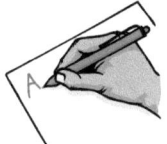

Pisati

escriure

Risati

dibuixar

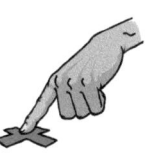

Pokazati

mostrar

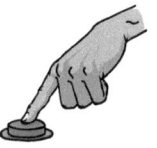

Potisniti

pitjar

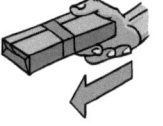

Dati

donar

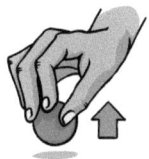

Vzeti

prendre

Imeti

tenir

Narediti

fer

Biti

ésser

Stati

estar dret

Teči

córrer

Vleči

estirar

Vreči

llançar

Pasti

caure

Ležati

jeure

Čakati

esperar

Nositi

portar

Sedeti

asseure's

Obleči se

vestir-se

Spati

dormir

Zbuditi se

despertar-se

Gledati

mirar

Jokati

plorar

Božati

amoixar

Česati se

pentinar

Govoriti

parlar

Razumeti

comprendre

Vprašati

demanar

Poslušati

escoltar

Piti

beure

Jesti

menjar

Pospraviti

endreçar

Ljubiti

estimar

Kuhati

cuinar

Voziti

conduir

Leteti

volar

Jadrati

navegar

Računanje

calcular

Brati

llegir

Učiti se

aprendre

Delati

treballar

Poročiti se

casar-se

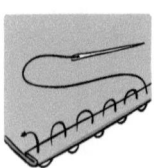

Šivati

cosir

Ščetkati si zobe

raspallar-se les dents

Ubiti

matar

Kaditi

fumar

Poslati

enviar

Družina
família

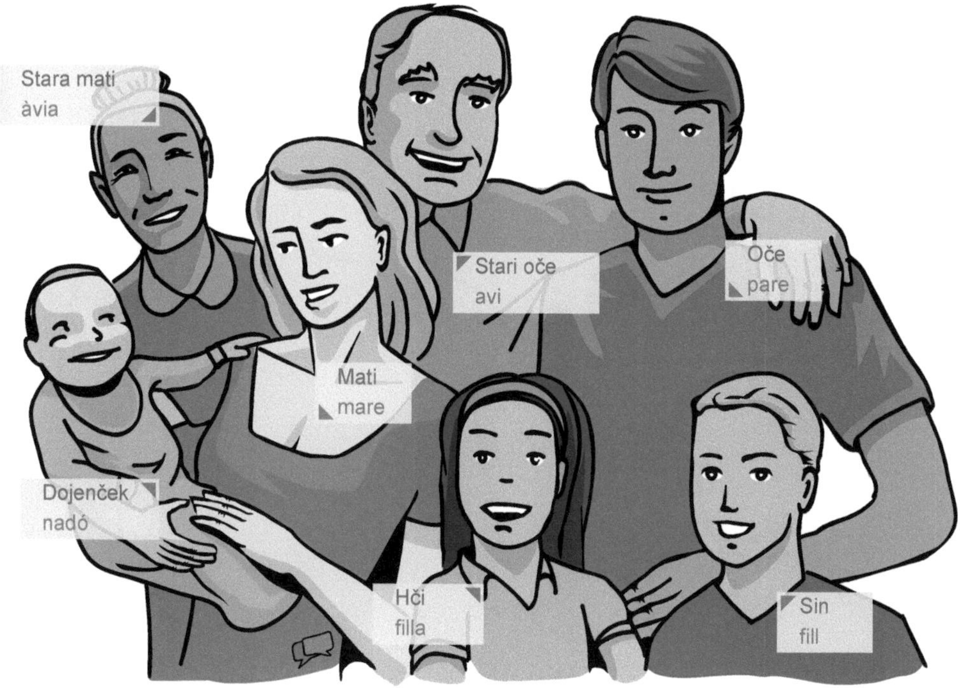

Stara mati
àvia
Stari oče
avi
Oče
pare
Mati
mare
Dojenček
nadó
Hči
filla
Sin
fill

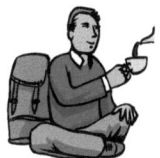

Gost
convidat

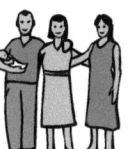

Teta
tia

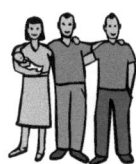

Stric
oncle

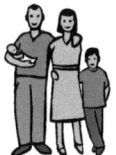

Brat
germà

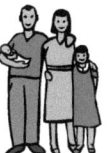

Sestra
germana

Čelo
front

Oko
ull

Obraz
cara

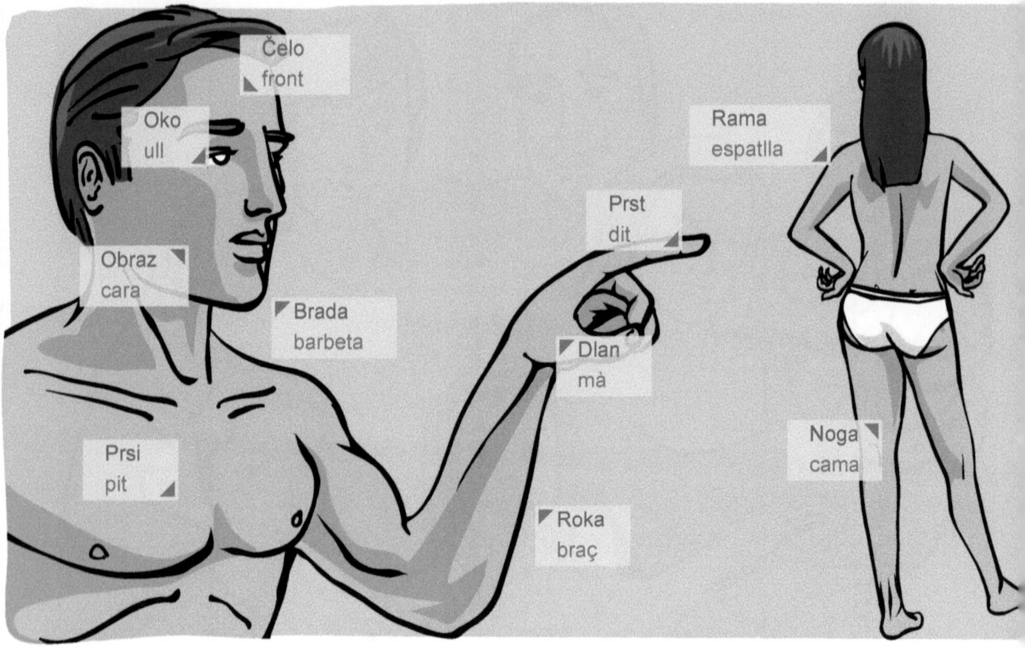

Brada
barbeta

Prsi
pit

Rama
espatlla

Prst
dit

Dlan
mà

Roka
braç

Noga
cama

	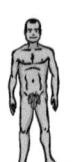	
Dojenček	**Človek**	**Ženska**
nadó	home	dona

Dekle	**Fant**	**Glava**
noia	noi	cap

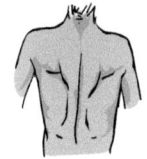

Hrbet

esquena

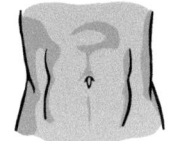

Trebuh

panxa

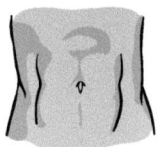

Popek

melic

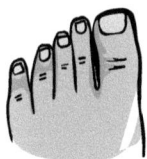

Prst na nogi

dit gros del peu

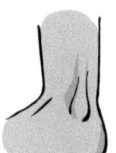

Peta

taló

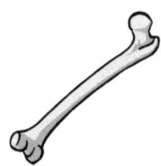

Kost

os

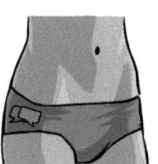

Kolk

maluc

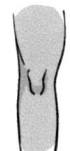

Koleno

genoll

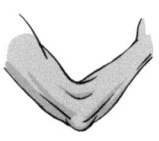

Komolec

colze

Nos

nas

Zadnjica

cul

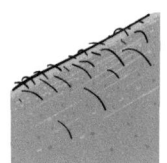

Koža

pell

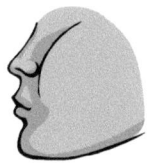

Lice

galta

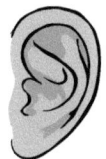

Uho

orella

Ustnica

llavi

Usta

boca

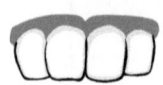

Zob

dent

Jezik

llengua

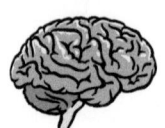

Možgani

cervell

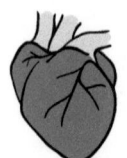

Srce

cor

Mišica

múscul

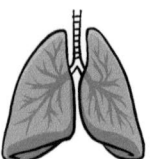

Pljuča

pulmó

Jetra

fetge

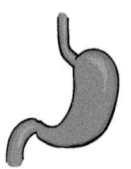

Želodec

estómac

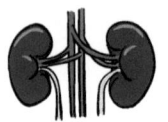

Ledvice

ronyó

Spolni odnos

relació sexual

Kondom

preservatiu

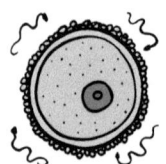

Jajčece

ovari

Semenska tekočina

semen

Nosečnost

prenyat

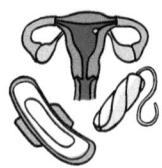

Menstruacija

menstruació

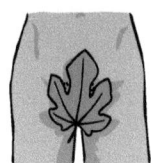

Vagina

vagina

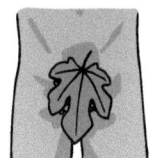

Penis

penis

Obrv

cella

Lasje

cabells

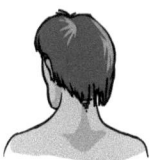

Vrat

coll

Bolnišnica
hospital

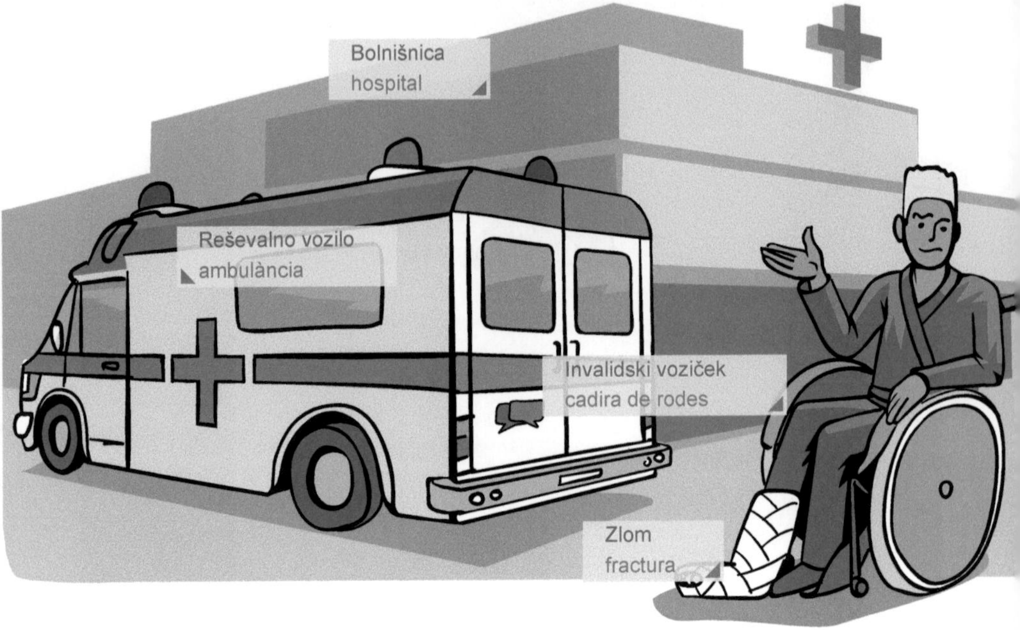

Bolnišnica
hospital
Reševalno vozilo
ambulància
Invalidski voziček
cadira de rodes
Zlom
fractura

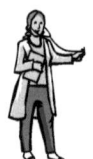

Zdravnik

doctora

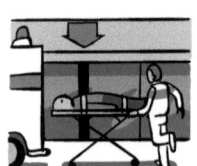

Urgenca

sala d'urgències

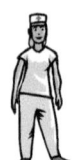

Medicinska sestra

infermera

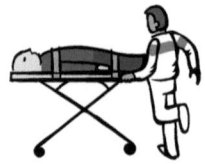

Nujni primer

urgència

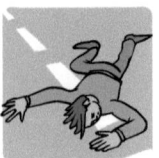

Nezavesten

inconscient

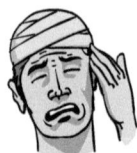

Bolečina

dolor

Poškodba

ferida

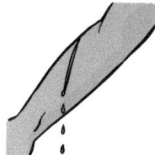

Krvavenje

sagnament

Srčni infarkt

atac de cor

Kap

apoplexia

Alergija

al·lèrgia

Kašelj

tos

Vročina

febre

Gripa

gripa

Driska

diarrea

Glavobol

mal de cap

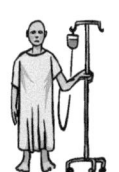

Rak

càncer

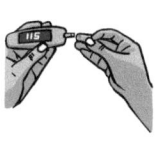

Sladkorna bolezen

diabetis

Kirurg

cirurgià

Skalpel

escalpel

Operacija

operació

CT

tomografia computada (TC),
TAC

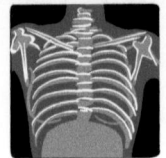

Rentgen

raigs x

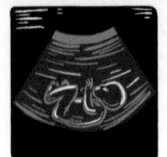

Ultrazvok

ultrasò

Obrazna maska

mascareta

Bolezen

malaltia

Čakalnica

sala d'espera

Bergla

crossa

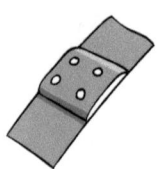

Obliž

tireta

Preveza

embenat

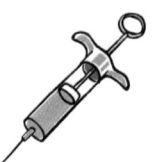

Injekcija

injecció

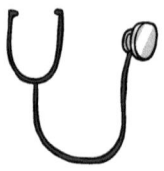

Stetoskop

estetoscopi

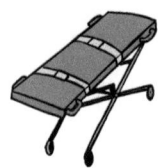

Nosila

llitera

Klinični termometer

termòmetre clínic

Porod

pariment

Prekomerna teža

sobrepès

Slušni pripomoček

aparell auditiu

Razkužilo

desinfectant

Okužba

infecció

Virus

virus

HIV / AIDS

VIH / SIDA

Medicina

medicina

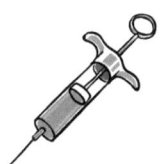

Cepljenje

vaccí

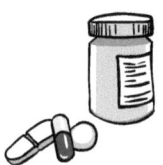

Tablete

comprimits

Tableta

píl·lola

Klic v sili

trucada d'urgència

Merilnik krvnega tlaka

tensiòmetre

bolano / zdravo

malalt / sà

Na pomoč!

Socors!

Alarm

alarma

Napad

assalt

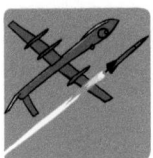

Napad

atac

Nevarnost

perill

Izhod v sili

sortida-eixida d'urgència

Gori!

Foc!

Gasilni aparat

extintor

Nezgoda

accident

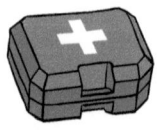

Komplet za prvo pomoč

farmaciola de primers auxilis

SOS

SOS

Policija

policia

Evropa
Europa

Severna Amerika
Amèrica del Nord

Južna Amerika
Amèrica del Sud

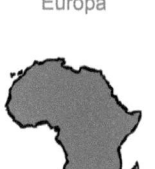

Afrika
Àfrica

Azija
Àsia

Avstralija
Austràlia

Atlantski ocean
Atlàntic

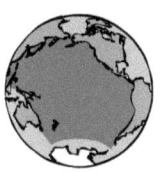

Tihi ocean
Pacífic

Indijski ocean
Oceà Índic

Južni ocean
Oceà Antàrtic

Arktični ocean
Oceà Àrtic

Severni tečaj
pol nord

Južni tečaj

pol sud

Antarktika

Antàrtida

Zemlja

terra

Kopno

país

Morje

mar

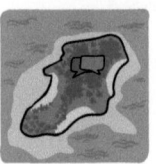

Otok

illa

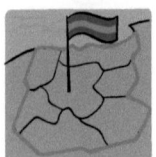

Narod

nació

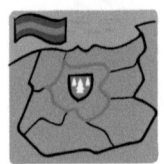

Država

estat

Številčnica

quadrant

Urni kazalec

agulla de les hores

Minutni kazalec

agulla dels minuts

Sekundni kazalec

agulla dels segons

Koliko je ura?

Quina hora és?

Dan

dia

Čas

temps

Zdaj

ara

Digitalna ura

rellotge digital

Minuta

minut

Ura

hora

Teden
setmana

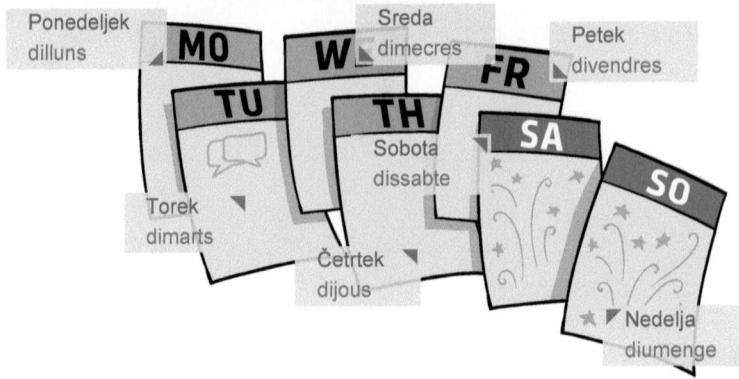

Ponedeljek
dilluns

Sreda
dimecres

Petek
divendres

Torek
dimarts

Sobota
dissabte

Četrtek
dijous

Nedelja
diumenge

Včeraj

ahir

Danes

avui

Jutri

demà

Jutro

matí

Poldne

migdia

Večer

tarda

MO	TU	WE	TH	FR	SA	SU
1	2	3	4	5	6	7
8	9	10	11	12	13	14
15	16	17	18	19	20	21
22	23	24	25	26	27	28
29	30	31	1	2	3	4

Delovni dnevi

dia feiner

MO	TU	WE	TH	FR	SA	SU
1	2	3	4	5	6	7
8	9	10	11	12	13	14
15	16	17	18	19	20	21
22	23	24	25	26	27	28
29	30	31	1	2	3	4

Konec tedna

cap de setmana

Leto
any

Mavrica
arc de Sant Martí
Dež
pluja
Sneg
neu
Veter
vent
Pomlad
primavera
Jesen
tardor
Poletje
estiu
Zima
hivern

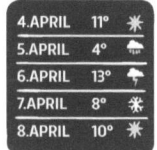

4.APRIL 11°
5.APRIL 4°
6.APRIL 13°
7.APRIL 8°
8.APRIL 10°

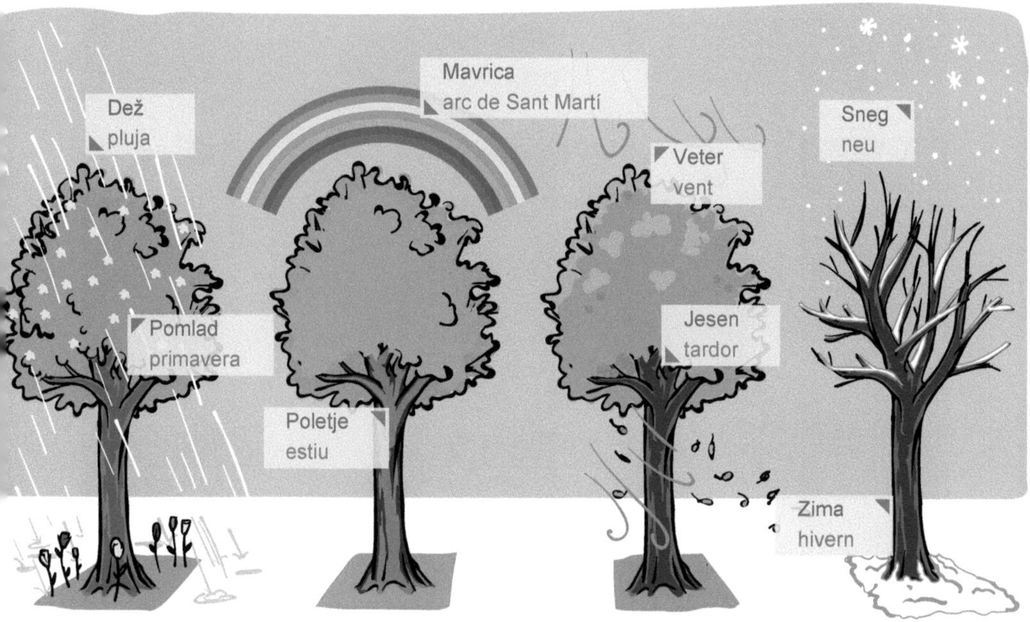

Vremenska napoved

pronòstic del temps

F C
120 40
90 30
60 20
30 10
0 0
-30 -10
-20

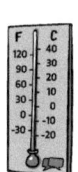

Termometer

termòmetre

Sončna svetloba

llum del sol

Oblak

núvol

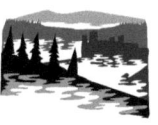

Megla

boira

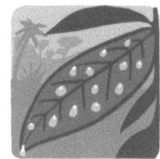

Vlažnost

humiditat de l'aire

Strela

llamp

Grom

tro

Nevihta

tempesta

Toča

calamarsa

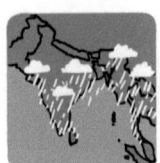

Monsun

monsó

Poplava

inundació

Led

gel

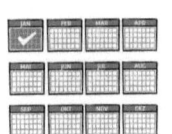

Januar

gener

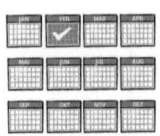

Februar

febrer

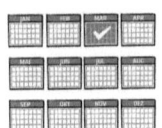

Marec

març

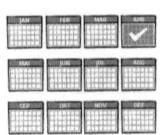

April

abril

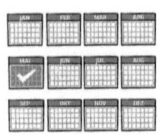

Maj

maig

Junij

juny

Julij

juliol

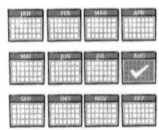

Avgust

agost

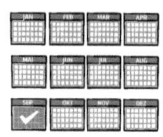

September
....
setembre

Oktober
....
octubre

November
....
novembre

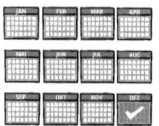

December
....
desembre

Oblike
formes

Krogla
....
cercle

Kvadrat
....
quadrat

Pravokotnik
....
rectangle

Trikotnik
....
triangle

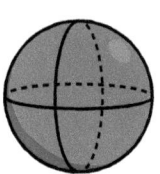

Krogla
....
esfera

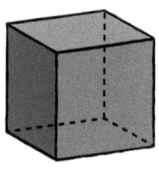

Kocka
....
cub

Bela

blanc

Rumena

groc

Oranžna

taronja

Rožnata

rosa

Rdeča

vermell

Vijolična

lila

Modra

blau

Zelena

verd

Rjava

marró

Siva

gris

Črna

negre

veliko / malo

molt / poc

jezno / umirjeno

emprenyat / tranquil

lepo / grdo

bonic / lleig

začetek / konec

començament / fi

veliko / majhno

gran / petit

svetlo / temno

clar / fosc

brat / sestra

germà / germana

čisto / umazano

net / brut

popolno / nepopolno

complet / incomplet

dan / noč

dia / nit

mrtvo / živo

mort / viu

široko / ozko

ample / estret

užitno / neužitno

comestible / immenjable

zlobno / prijazno

dolent / amable

vznemirjeno / zdolgočaseno

entusiasmat / entediat

debelo / vitko

gros / prim

prvo / zadnje

primer / darrer

prijatelj / sovražnik

amic / enemic

polno / prazno

ple / buit

trdo / mehko

dur / tou

težko / lahko

pesant / lleuger

lakota / žeja

gana / set

bolano / zdravo

malalt / sà

nezakonito / zakonito

il·legal / legal

pametno / neumno

intel·ligent / ximple

levo / desno

esquerra / dreta

blizu / daleč

prop / llunyà

novo / rabljeno

nou / usat

nič / nekaj

res / quelcom

staro / mlado

vell / jove

vklopljeno / izklopljeno

encès / apagat

odprto / zaprto

obert / tancat

tiho / glasno

silenciós / sorollós

bogato / revno

ric / pobre

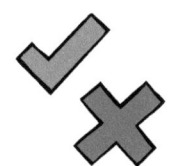

prav / narobe

correcte / incorrecte

grobo / gladko

aspre / suau

žalostno / veselo

trist / content

kratko / dolgo

curt / llarg

počasi / hitro

lent / ràpid

mokro / suho

humit / sec - eixut

toplo / hladno

calent / fred

vojna / mir

guerra / pau

0

Ničla

zero

1

Ena

u

2

Dva

dos

3

Tri

tres

4

Štiri

quatre

5

Pet

cinc

6

Šest

sis

7

Sedem

set

8

Osem

vuit

9

Devet

nou

10

Deset

deu

11

Enajst

onze

12

Dvanajst

dotze

13

Trinajst

tretze

14

Štirinajst

catorze

15

Petnajst

quinze

16

Šestnajst

setze

17

Sedemnajst

disset

18

Osemnajst

divuit

19

Devetnajst

dinou

20

Dvajset

vint

100

Sto

cent

1.000

Tisoč

mil

1.000.000

Milijon

milió

Angleščina

anglès

Ameriška angleščina

anglès americà

Mandarinščina

xinès mandarí

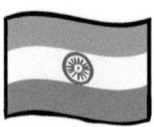

Hindujščina

hindi

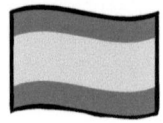

Španščina

espanyol

Francoščina

francès

Arabščina

àrab

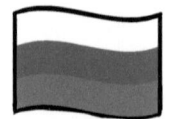

Ruščina

rus

Portugalščina

portuguès

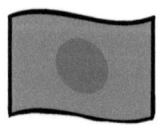

Bengalščina

bengalí

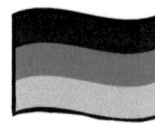

Nemščina

alemany

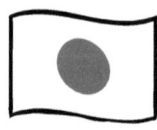

Japonščina

japonès

Jaz

jo

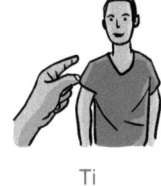

Ti

tu

On / ona / tisto

ell / ella / allò

Mi

nosaltres

Vi

vosaltres

Oni

ells

Kdo?

qui?

Kaj?

què?

Kako?

com?

Kje?

on?

Kdaj?

quan?

Ime

nom

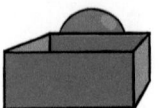

Zadaj

darrere

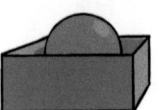

V

en

Pred

davant de

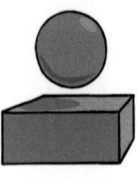

Nad

damunt

Na

sobre

Pod

sota

Poleg

al costat

Med

entre

Kraj

lloc